TABLEAU GÉNÉRAL

DE

L'EUROPE

Vers l'année 1453;

Par M. Ferdinand LEROY.

BORDEAUX,

Imprimerie de H. GAZAY, 14, rue Gouvion.

1840.

TABLEAU GÉNÉRAL DE L'EUROPE

Vers l'année 1453.

En étudiant l'histoire de mon pays, en la comparant à celle des divers états de l'Europe, je me suis souvent demandé à quelle époque il fallait s'arrêter pour contempler l'attitude respective des peuples, saisir le point intermédiaire entre le moyen âge et l'histoire moderne, le moment où l'Europe s'élançant vers la civilisation, est passée des premières découvertes des arts à leur développement et à leur illustration, le moment surtout qui offrait le point de vue le plus favorable à la France, sous le rapport de son importance politique, de sa grandeur et de sa puissance.

J'avoue que, s'il m'était permis de remonter le cours des âges, de me reposer comme un voyageur à l'endroit le plus intéressant de ma course, à l'endroit où, fatigué des sentiers ardus et pénibles, commencerait pour moi une route plus dégagée et plus riante, je planterais ma tente d'observateur à la cour du roi Charles VII, au moment où celui-ci, maître de la France, eut chassé les Anglais de la Normandie et de la Guienne, et réuni définitivement ces provinces à son royaume par la capitulation du 15 octobre 1453.

Ce fut, en effet, une époque fameuse et trop peu célébrée, que celle où après trois cents ans d'occupation, et d'une occupation qui s'était fait aimer, la belle province de Guienne redevint française, restitua à la mère-patrie les richesses de son sol, les avantages de son fleuve, le patriotisme trop longtemps étouffé de ses habitants ! l'époque enfin où Bordeaux ouvrit ses portes à Dunois, et vit s'éloigner des maîtres qui, malgré leurs bons traitements, n'avaient pu lui faire oublier son origine ; la raison en était simple : ces maîtres étaient des étrangers.

Ce grand événement éleva la France au premier rang des puissances européennes, dont elle était malheureusement déchue, cicatrisa les blessures profondes que tant et de si cruels revers lui avaient faites, effaça le souvenir de Crécy, de Poitiers et d'Azincourt, prépara même plus d'un règne glorieux, en un mot rendit l'unité à son territoire, et compléta le royaume; sans la Guienne, en effet, la France était comme une noble armure privée de la plus belle pièce.

Ces résultats éclatants de la conquête définitive de la Guienne, apparaissent surtout lorsqu'on retrace le tableau général de l'Europe vers l'année 1453.

Alors, la France commençait enfin à sortir des vicissitudes terribles qui l'agitaient depuis plusieurs siècles; on peut dire qu'à partir de la première moitié du XVe siècle, son existence, comme nation, ne fut plus menacée; les Normands et leurs invasions, les croisades et l'émigration souvent funeste qu'elles entraînèrent, les Anglais et leurs implacables guerres, furent autant d'éléments destructeurs pour le royaume, tandis que les guerres du Milanais, les querelles avec la Bourgogne, la Ligue, la Fronde, la guerre de trente ans, ne mirent jamais en péril les destinées sérieuses de la France. Chasser les Anglais, c'était résoudre une immense question; car l'ennemi du dehors terrassé, celui du dedans, la féodalité, était bien près de l'être aussi. Louis XI devait porter le dernier coup à cette puissance, déjà fortement ébranlée par l'établissement des communes, et par celui des états généraux qui prirent la place de l'influence féodale, et virent accroître la leur jusqu'au règne de Charles VIII.

Sous le roi Jean, sous Charles VI, la France, livrée à tous les maux de la guerre et de la misère publique, offrait comme une immense solitude, où toutes les calamités exerçaient leurs ravages : plus de récoltes, plus de laboureurs; tous les partis étaient exténués;

l'impuissance était le caractère général de cette triste
époque. Paris humilié avait vu Charles VII réduit à
la possession de deux villes, et Henri VI d'Angleterre
couronné roi de France, en même temps que, par une
cruelle coïncidence, Jeanne d'Arc expiait sur le bûcher
de Rouen son héroïque courage. Tant de revers devaient finir : l'effet miraculeux des succès de Jeanne, les
victoires de Dunois, la réconciliation avec le duc de
Bourgogne, l'institution d'une milice permanente qui mit
la France en état de défense, la pragmatique sanction qui
rétablit l'autorité du Roi, telles furent les causes principales de ce que j'appellerai *la renaissance politique*
de la France. Ainsi que l'a dit un habile professeur :
« Pendant que l'Angleterre se divisait, la France se
réunissait, se concentrait, et semblait reconnaître que
l'ordre est le premier besoin des sociétés. » Telle fut
la grande œuvre qu'accomplit Charles VII, lorsque,
victorieux sur tous les points de son royaume, il reprenait la Guienne, et ne laissait que Calais à l'Angleterre.

Ce royaume, en effet, vit sa prospérité décroître
dès que la Guienne lui eut échappé ; ce fut comme le
signal d'une véritable décadence, que les exploits des
derniers princes, leurs succès momentanés en France
avaient un moment arrêtée ; mais les querelles entre
l'aristocratie et le trône ne tardèrent pas à s'allumer
et à compromettre sérieusement l'autorité royale. La
rivalité des maisons de Lancastre et d'York, qui com-
mença sous Henri IV, premier roi de la maison de
Lancastre, éclata plus vivement que jamais sous le

faible Henri VI ; alors l'Angleterre se déchira elle-même, et l'on vit se former les partis de la Rose blanche et de la Rose rouge, qui donnèrent leur nom à la guerre civile. Ces querelles intestines eurent pour premier effet de neutraliser l'ardeur conquérante qui portait les Anglais vers la France. Elles eurent pour causes principales les droits et la puissance du duc d'York, le mécontentement excité par le meurtre du duc de Glocester, le mauvais état des finances, et l'excessive faveur de Suffolk, ministre de Henri VI. Suffolk fut bientôt sacrifié, et le duc d'York reconnu régent pendant qu'une maladie du roi Henri VI empêchait ce prince malheureux de conjurer la révolution déjà menaçante. Peu après, le régent, levant l'étendard de la révolte, s'emparait du trône, sous le nom d'Edouard IV, et l'Angleterre entrait dans une voie de désordres qui sauvait la France. La faiblesse de Henri VI ne fut guère moins fatale à son royaume, que la folie de Charles VI l'avait été à la France, qui, profitant des déchirements de sa rivale, reprenait sur elle les avantages qu'une fortune ennemie lui avait fait perdre.

Vers la fin du XIVe siècle, la couronne d'Ecosse était passée dans la maison des Stuarts. Sous les princes de cette famille, l'autorité royale reprit de la vigueur ; et vers le milieu du XVe siècle (1450), le roi Jacques Ier porta les premiers coups au pouvoir féodal. Jacques II, son fils et son successeur, s'affermit sur le trône par la ruine des Douglas ; mais ce royaume n'avait qu'une importance tout à fait secondaire.

Un grand fait historique vient se placer ici comme pour prêter à la France, victorieuse sous Charles VII, une nouvelle force, un nouveau poids dans la balance des destinées de l'Europe : c'est l'abaissement de la puissance temporelle des papes.

Les pontifes romains, depuis Grégoire VII, avaient exercé une influence marquée sur les affaires temporelles de l'Europe. Au temps de Boniface VIII, ils prenaient hautement le titre de maîtres du monde. Ils disposaient, en effet, souverainement des couronnes. Cette puissance, la plus grande peut-être qu'aucun souverain eût jamais exercée, commençait à déchoir au temps où nous sommes arrivés. Dans les querelles de Philippe-le-Bel avec Boniface, on avait appris, en France, à reconnaître une autorité supérieure à celle des papes, celle des conciles ; d'un autre côté, l'empereur de Bavière, dans ses démêlés avec *Clément VII*, fit déclarer, par les états d'Allemagne, que l'autorité impériale ne relevait que de Dieu seul. Les ordres de l'état, y compris même le clergé, se réunirent autour du souverain pour défendre son trône contre les attaques des pontifes. Enfin la translation du siége pontifical à Avignon, mit pendant soixante-dix ans les papes à la merci de princes puissants et jaloux, et leur fit perdre, au temps de Rienzi, presque toute autorité dans Rome. Le grand schisme d'occident, les excommunications dont se frappèrent les trois pontifes qui, au temps de Jean XXIII, se disputèrent la chaire de Saint Pierre, les nouveaux droits du concile de Bâle et du concile de Constance qui déposèrent les papes, la pragmatique sanction que les Français et les Allemands établirent à Bourges et à Mayence, les écrits de Jean de Paris, de Dante Aligheri, de Nicolas de Clémengis, de Pierre d'Ailly et autres, toutes ces causes réunies portèrent, au pouvoir politique des papes, des coups dont ils ne se relevèrent jamais. Les crimes d'Alexandre VI purent bien donner à l'Eglise un pouvoir territorial; mais rien désormais ne put rendre aux successeurs de Saint Pierre l'autorité qu'ils avaient exercée sur les rois.

L'empire germanique n'était plus à redouter pour la France. Depuis la mort de Frédéric II et le grand interrègne, jusqu'en l'année 1453, on vit continuer la décadence dans laquelle l'empire germanique était tombé depuis longtemps. Le trône impérial, toujours électif, toujours disputé par des maisons rivales au milieu des guerres et de la désolation de l'Allemagne, fut donné aux princes de la maison de Luxembourg, de 1308 à 1438, et passa ensuite à la maison de Habsbourg Autriche. Le système féodal, qui mettait les grands fiefs à la disposition des empereurs, fut aboli; ils devinrent le partage de princes qui rendirent héréditaires dans leurs familles les possessions qu'ils tenaient du souverain. Bientôt après, le droit d'élire les empereurs leur fut accordé, et dès cette époque, jusqu'à Charles-Quint, l'empereur d'Allemagne n'exerça qu'une vaine suprématie sans puissance, et aucune influence sur les affaires de l'Europe. L'empire perdit en même temps l'Italie et l'ancien royaume d'Arles, dont presque tous les débris tombèrent au pouvoir de la France.

Dès l'année 1415, deux nouveaux états, la Suisse et la Bourgogne, se séparaient aussi de l'empire d'Allemagne. La Suisse, après une lutte de plus d'un siècle, s'établissait en république, expulsait les Autrichiens. Cette nation, devenue formidable par ses généreux efforts, ses victoires sur la tyrannie, et son organisation forte, était déjà une barrière puissante et respectée entre la France et l'Autriche. A cet échec pour l'empire d'Allemagne, se joignirent la guerre des Hussites en Bohême, et l'envahissement des Turcs qui assiégeaient Constantinople et menaçaient l'Europe entière. Le règne du faible Frédéric III fut cependant fécond en grands événements. L'Allemagne, prête à s'effacer du reste des puissances européennes, fut arrêtée sur le penchant de sa ruine par la puissance de la ligue anséatique, qui, pendant la première moitié du XVe siècle, atteignit son plus haut degré de prospérité, et porta l'opulence et la vie commerciale dans toute l'Allemagne.

La Bohême, qui formait une espèce de république assez semblable à celle de Pologne, fut gouvernée, dans le cours du XIVe siècle, par la maison de Luxembourg; mais, par suite de la guerre contre les Hussites, Jean Podiebra en devint le maître vers 1458.

La Bavière, la Saxe, le Luxembourg n'offrent que de petites révolutions sans intérêt pour le tableau général que nous traçons.

La Suède, la Norwège et le Danemarck, un moment réunis par Marguerite de Valdemar, en 1397, ne tardèrent pas à se diviser. Chaque pays se donna un souverain particulier. C'est de 1450 seulement, que date l'union du Danemarck et de la Norwège, et la tige des rois qui ont régné jusqu'à nos jours.

La Russie, vers 1450, était dans un état d'abaissement digne de pitié, déchirée par les Lithuaniens et les Polonais, qui lui avaient enlevé plusieurs provinces, et particulièrement le duché de Kiovie, au XIVe siècle. Elle ne tarda pas à être partagée entre plusieurs princes, gémissant sous le joug humiliant des Tartares et des Mongols. Malgré quelques victoires, elle resta ainsi dépendante et asservie jusqu'à la fin du XVe siècle.

Jagellon, grand duc de Lithuanie, ayant abjuré le paganisme, fut baptisé sous le nom de Uladislas, et nommé roi de Pologne. Il réunit la Lithuanie sous une même autorité, et prit sous sa protection la noblesse et les villes de Prusse, attaquées par les chevaliers Teutoniques. Pendant la première moitié du XVe siècle, la gloire de la Hongrie s'éclipsa singulièrement. Sigismond avait été défait par les Turcs, en 1396, et ceux-ci auraient envahi la Hongrie et toute l'Allemagne, si la valeur de Jean Huniade ne les eût arrêtés. Ce héros, comme on sait, obligea Mahomet à lever le siége de Belgrade, en 1458.

La puissance des Turcs Ottomans, qui avait commencé dans le XVe siècle, par les conquêtes faites en Asie mineure, l'établissement des janissaires, la réduction de la Bulgarie et les victoires sur les Hongrois, fut un moment arrêtée sous le règne de Bajazet Ier, par le terrible Tamerlan, au commencement du XVe siècle; mais cet obstacle n'était que passager. Amurat II porta ses armes victorieuses jusqu'au fond du Péloponèse, et Mahomet II s'empara de Constantinople, le 6 avril 1453. Constantin Dragasès, dernier des Constantin, périt sur les débris de son trône, et l'Europe fut épouvantée.

Ainsi, chose digne de remarque, la même année vit l'expulsion des Anglais de la France, et la chute de l'empire grec sous les coups de Mahomet II.

Les empereurs d'Allemagne avaient laissé la Lombardie, la Toscane et les républiques vénitiennes, repousser pour toujours le joug allemand ; mais ces républiques déchirées par des factions, en proie à des guerres continuelles, se dégoûtèrent de leur liberté. Dès le XIVe siècle, chacune d'elles comptait un maître. Le plus puissant de tous était Visconti, duc de Milan, dont l'alliance avec les principales maisons de l'Europe amena les guerres avec la France. Florence, Gênes et Venise échappèrent aux petits tyrans créés par cette révolution du XIVe siècle.

Florence, érigée en république à la fin du XIIe siècle, quoique agitée par les factions, s'enrichit par le commerce. Vers l'époque où nous sommes arrivés, son indépendance commençait à être menacée par la famille des Médicis, qui ne tardèrent pas à s'emparer du trône ducal.

Gênes, qui disputa longtemps à Venise l'empire de la Méditerranée, se soumit enfin à sa suprématie commerciale.

Venise, gouvernée par une aristocratie souvent tyrannique, mais utile à sa grandeur, resta seule maîtresse du commerce des Indes, et vers la fin du XIVe

siècle, entreprit des conquêtes continentales qui augmentèrent sa puissance et fixèrent sérieusement l'attention de la France.

Dans le royaume de Naples, nous voyons Jeanne II, héritière de la maison d'Anjou, adopter pour lui succéder, d'abord Alphonse V d'Aragon, en 1421, et ensuite Louis III de la seconde maison d'Anjou, en 1423. René d'Anjou, frère et successeur de Louis III, prit possession du royaume de Naples en 1425 ; mais il fut chassé en 1443 par le roi d'Aragon. Ce dernier obtint du pape Eugène IV l'investiture du royaume de Naples, qu'il transmit à Ferdinand, son fils naturel ; les droits de la seconde race de la maison d'Anjou passèrent ainsi au roi de France avec la Provence, et ce fut la première cause de l'expédition que dirigèrent les Français sur cette partie de l'Italie.

Au commencement du XVe siècle, l'Espagne était déjà divisée entre les rois chrétiens de Castille et d'Aragon, et les princes mahométans de Grenade. Le règne de Jean II, en Castille, fut fertile en guerres civiles. Ce prince, tantôt fugitif, tantôt prisonnier, mourut en 1453, laissant à son successeur un trône ébranlé qui devait, sous le sceptre de Ferdinand et d'Isabelle, devenir le plus puissant de l'Europe. Alphonse, roi d'Aragon, conquit le royaume de Naples sur les princes de la maison d'Anjou, et l'ajouta à celui de Sicile.

Les premières années du XVe siècle furent marquées en Portugal par la lutte que soutint Jean-le-Bâtard, contre les Français et les Castillans. Après une longue guerre, il contraignit les rois de Castille à renoncer à leurs prétentions, et il devint la tige d'une nouvelle race de rois, qui occupa le trône jusqu'à la fin du XVIe siècle. Enfin, à l'époque de 1453, ni Colomb, ni Gama n'avaient encore enrichi leurs patries des conquêtes qui devaient plus tard faire leur gloire et leur richesse.

Tel était l'état de l'Europe vers 1453, époque à laquelle le sol français fut délivré des étrangers, et pendant que les derniers débris de la civilisation grecque et latine périssaient à Constantinople sous le sabre des Turcs.

On ne peut contester que la France n'occupe la première place dans ce tableau. Que nous montre-t-il, en effet? L'Angleterre forcée de renoncer à ses projets de conquête, déchirée, elle-même, par des querelles intestines ; l'empire d'Allemagne pliant sous le joug des princes ; l'Italie divisée en petits états opprimés par l'anarchie ou la tyrannie; le Milanais, le royaume de Naples s'offrant comme une proie à la France ; l'Espagne encore divisée en trois faibles royaumes; enfin, de tous côtés, des symptômes d'une nouvelle ère pour la France, si longtemps affaiblie et humiliée.

Tous ces grands, ces glorieux résultats ne peuvent certainement pas être attribués à Charles VII, lui seul; cependant ce prince, doué de qualités rares, ne saurait être traité avec le dédain que certains historiens ont affecté à son égard; et dans le tableau que nous venons de tracer, au milieu des personnages qui jouèrent un rôle important dans les affaires de l'Europe, Charles VII occupe, sans contredit, le premier rang, soit par ses qualités personnelles, soit à cause des événements qui s'accomplirent sous ce règne, et auxquels il me semble avoir eu plus de part qu'on ne lui en attribue généralement.

Charles VII sut être malheureux avec patience, heureux sans orgueil, courageux sans forfanterie, victorieux avec clémence, intelligent des vrais intérêts de ses sujets. La France lui dut d'importantes réformes financières et judiciaires, et d'utiles institutions. Dans les conjonctures les plus difficiles, après la paix d'Arras, qui enrichissait le duc de Bourgogne des successions de Hollande, Hainaut, Namur et Brabant, Charles VII fut habile autant que courageux. Bientôt, en effet, Montereau et Meaux étaient repris ; Dieppe échappait aux Anglais, et la famille des Armagnac subissait le pouvoir du roi de France. On ne vit jamais ce prince désespérer de son salut, même aux époques les plus funestes de son règne, lorsque la misère venait l'assiéger jusque dans son palais, lorsque, comme le rapporte un historien du temps, on ne servait plus sur sa table que *deux poulets et une queue de mouton.* Son courage approcha souvent de l'intrépidité ; au siége de Pontoise, par exemple, il entra dans la place l'un des premiers, à la tête de ses gardes, et comme le raconte l'historien Berry, *décousant ses ennemis,* et mettant en fuite tout ce qui se trouvait devant lui. Il usa même de cette victoire avec une générosité peu commune, en récompensant ceux des vaincus qui s'étaient comportés avec courage.

C'était déjà beaucoup d'être victorieux et de rendre à la France de belles provinces ; c'était plus encore de profiter du retour de la prospérité pour assurer le repos, la force et la gloire du pays. C'est ce que fit Charles VII, en réorganisant l'armée et les finances, en exécutant ce qu'aucun prince n'avait osé avant lui.

L'institution des compagnies régulières en 1442 et 1444, l'ordonnance qui prescrivit un désarmement général, ne restèrent pas sans effet ; la noblesse fut réduite à s'y soumettre, la féodalité courba la tête, et quelques seigneurs voulurent en vain résister. Les écorcheurs et autres soldats d'aventure furent emmenés en Suisse par le dauphin ; 1500 lances furent organisées et mises en permanence, et l'on vit apparaître la milice des francs-archers, espèce de garde nationale primitive, puisqu'ils gardaient leurs armes, et s'exerçaient à des époques déterminées ; les moyens de défense et d'attaque s'organisèrent savamment, l'artillerie fit ses premiers prodiges, des ressources financières assurèrent le paiement des armées : c'est par de tels moyens que Charles VII parvint à chasser Sommerset de Rouen, Talbot de la Guienne, et à reconstituer le royaume de France.

Il fallut trouver de puissants remèdes à la pénurie du trésor, et réformer surtout le désordre des monnaies. Charles VII y avait pourvu dès son avénement au trône ; car, au mois de novembre 1422, le marc d'argent qui était de quatre-vingts livres tournois, à

1600 pièces par marc d'œuvre, fut réduit à huit livres. Les tailles qu'il sut lever à son plaisir, réduites en impôt ordinaire, ne montaient qu'à dix-huit millions pour toutes choses. En consultant l'histoire de nos finances, depuis l'origine de la monarchie jusqu'à Charles VII, on verra que le règne de ce prince exerça une grande influence sur cette importante matière. Avant Philippe-le-Bel, la liberté des personnes, mise à prix, avait donné naissance à une quantité de droits réels et personnels que les rois laissaient d'abord aux seigneurs, mais qu'ils surent ensuite attirer jusqu'à eux; la perception répétée se tourna en usage, et l'usage fit le droit. Philippe-le-Bel étendit le droit de perception; il recourut au consentement des contribuables, et continua la levée de l'impôt, souvent par prières, quelquefois par autorité, toujours avec adresse et ménagement. Le règne du roi Jean nous offre des impôts établis avec plus de méthode. Quoique contribuables au service militaire, les nobles contribuent, ainsi que les roturiers, aux charges de l'état. Les ecclésiastiques y contribuent, et séparément pour les biens de l'Eglise, et conjointement pour leurs biens personnels. Les états fixent la quotité, la perception, la durée et l'emploi des deniers de l'impôt. Charles V et les princes qui gouvernèrent sous Charles VI, empiétèrent sur le droit qu'avaient les états de former l'impôt, de le faire lever, régir et administrer; bientôt les révoltes succèdent aux exactions; l'autorité cède, elle l'emporte enfin, et dans cette lutte entre l'exacteur et le contribuable, le tiers-état est sacrifié, le noble s'exempte, un nouvel ordre paraît, celui des privilégiés.

Dès le règne de Charles VII, commence une époque plus régulière et plus équitable. Soit consentis, soit exigés, les impôts n'avaient eu jusqu'alors que des existences bornées à certains temps, limitées à certains besoins, souvent à certains caprices. La formation d'un corps de troupes toujours subsistant, entraîna la perpétuité des tailles, des gabelles, des traites et des aides ; elle consolida la perception des droits domaniaux ; elle entraîna l'ordre dans la perception, l'ordre dans la dépense.

Mais pour arriver à solder de suite ces troupes réglées, ces hommes d'armes, avant que la taille perpétuelle pût être établie et perçue, il fallut avoir recours à d'habiles et audacieux auxiliaires. Ici, nous avons à revendiquer une gloire pour l'époque qui nous occupe, une gloire pour la France. Pendant que le fer des chevaliers frappait victorieusement les Anglais, comment Charles VII suffisait-il aux charges de l'état, au paiement de ses armées? Qui lui vint en aide? Le génie inventif du célèbre Jacques Cœur, conseiller et trésorier de l'épargne, auquel revient sa part de célébrité pendant la première moitié du XVe siècle. Jacques Cœur ne fut pas un financier ordinaire, il doit être considéré comme *l'inventeur du crédit commercial*. A Venise, en Italie, sa renommée était grande, et sa fortune le devint à un tel degré, que les envieux le perdirent. Disgracié en 1456, il quitta la France qu'il avait si bien servie, et mourut, dit-on, sur la terre étrangère.

L'amour de Charles VII pour la justice, fut célébré par ses contemporains; Martial d'Auvergne lui rend un témoignage glorieux dans le poëme qu'il a intitulé les *Vigiles de Charles VII;* on lui doit la rédaction par écrit des *coutumes de France* qu'il ordonna en 1454 et qui n'ont été abolies qu'à la fin du XVIIIe siècle.

La pragmatique sanction, longtemps nommée le palladium de la France, célèbre par la contradiction qu'elle a éprouvée, mit ordre aux affaires de l'Église, rétablit les élections ecclésiastiques, abolit les réserves, les expectatives et les annales.

Enfin, pour qu'aucune gloire ne manque à ce règne, nous dirons que, malgré les guerres intestines et étrangères qu'eut à soutenir Charles VII, son amour pour les lettres n'en fut pas moins vif. Il continua le projet que son aïeul, Charles V, avait formé d'éclairer la nation et d'introduire les sciences dans le royaume. C'est à lui que nous devons les chroniques de France, ou le premier plan d'une histoire générale. Alain Chartier, que Charles VII seconda et encouragea, peut être regardé comme le premier des poëtes nationaux qui ait connu la langue française.

Charles VII ne se borna pas à des actes de générosité pour ceux qui montraient d'heureuses dispositions : il fonda en 1452 l'université de Caen, et fit des lois somptuaires pour empêcher le luxe et la mollesse de pénétrer dans la bourgeoisie et dans le peuple.

Ainsi, non-seulement la France se place en première ligne dans le tableau que nous avons tracé, mais le prince qu'elle avait alors à sa tête se distingue parmi tous les souverains de l'Europe d'alors, par les plus éminentes qualités, les plus glorieuses, les plus utiles institutions.

L'époque que nous venons d'analyser sous le rapport politique et des faits matériels de l'histoire, présente un caractère bien particulier, si l'on réfléchit à l'influence qu'elle a exercée sur les progrès de la civilisation. N'a-t-elle pas préparé pour les sciences et les arts, les merveilles que s'attribuèrent les siècles suivants? Léon X et François 1er n'ont-ils pas recueilli le fruit des découvertes qui signalèrent le XIVe et le XVe siècles, et qui sont demeurées comme la base, l'origine de toutes les richesses des sciences, des lettres et des arts?

Au XIVe siècle, la moulure des cartes à jouer conduisit à la gravure sur bois, la gravure sur bois à l'invention de l'imprimerie, et ce fut en 1426 qu'apparut l'art typographique qui immortalisa Jean Guttenberg et Pierre Scheffer. C'est aussi du XIVe siècle que date l'invention de la peinture à l'huile, et l'on sait que la gravure sur cuivre est attribuée à un orfèvre de Florence de la même époque. Tous ces moyens ingénieux de reproduire la pensée humaine, fécondèrent ce vaste champ qu'exploita ensuite le génie de tant d'hommes illustres.

Les conquêtes des Portugais, des Espagnols, des Dieppois, la découverte du nouveau monde, ne sont-elles pas dues à l'invention de la boussole, qui permit aux marins de s'éloigner des côtes et de suivre d'autres guides que les étoiles? La boussole, attribuée à Flave Giozza, vers 1301, a puissamment influé sur le sort des nations européennes; elle détruisit insensiblement l'importance de Venise, qui faisait le commerce de l'Europe par la ligue anséatique, et qui avait conclu des traités d'union avec les états du Nord d'où elle tirait le fer, le bois, le charbon et le cuivre. Mais les conquêtes dans l'Inde et l'Amérique transportèrent la puissance et la richesse en d'autres mains, et l'économie générale du monde civilisé subit une véritable révolution.

Le système de la guerre, lui-même, fut aussi entièrement changé par la découverte de la poudre à canon, précédée de celle du salpêtre, attribuées toutes deux à Jacques Schwartz. L'usage de la poudre, devenu général vers 1380, fit substituer l'adresse à la force, et enrichit le XIVe siècle d'une conquête perfectionnée dans le XVe et le XVIe.

Ne conviendrait-il pas de restituer aux XIVe et XVe siècles les honneurs qui leur appartiennent si justement, et que le siècle de Léon X et de François 1er a usurpés par ce mot de *renaissance*, aussi mal donné que mal compris? Les germes éclos des sciences et des arts n'existaient-ils pas lorsque le XVIe siècle les a développés? Tout alors n'était-il pas né? Grâce à d'heureux inventeurs, grâce à la puissance qu'ils reçurent de leurs prédécesseurs, Léon X de Jules II, François Ier de Louis XI, de Louis XII, et avant tout de Charles VII, ces princes mirent à profit d'utiles et grandes découvertes. François Ier fut puissant parce que Louis XI étouffa la féodalité ; Louis XI étouffa la féodalité parce que les victoires de Charles VII avaient rendu la royauté forte et l'armée docile.

Sous le rapport des arts, tout ce que nous admirons dans le XVIe siècle et les suivants, doit son origine à des temps que l'on regarde cependant avec dédain ! Sans l'invention de la peinture à l'huile, qu'auraient fait Raphaël, Michel Ange, Jules Romain, le Titien, le Tintoret et tant d'autres? Sans Jean Guttenberg, qui aurait connu et célébré les écrits de Boccace, de Pétrarque, de l'Arioste et du Tasse? Sans la boussole, qu'auraient entrepris Vasco de Gama, Christophe Colomb, Améric Vespuce? Avant l'époque dite de la *renaissance*, le Dante n'avait-il pas composé sa divine comédie?

Et avant cette époque elle-même, l'art si noble de l'architecture ne s'était-il pas déployé avec une admirable audace, une élégance inimitable et inimitée, dans ces basiliques à jamais célèbres? Ce qu'on appelle sous ce rapport *renaissance*, n'est-il pas au contraire décadence ; car, à partir de François Ier, on vit se perdre à jamais l'art chrétien ; et le mélange des formes grecques et romaines, avec celles dites gothiques, dont se compose le style appelé de *la renaissance*, a-t-il jamais produit rien d'aussi beau que ces monuments religieux que nous admirons à Chartres, à Rheims, à Rouen, à Amiens, à Paris, à Bordeaux et près de Bordeaux?

N'est-ce pas, en effet, une des gloires de ce département, de cette ville, que d'offrir aux regards étonnés du voyageur, de l'archéologue et du savant, la richesse si variée de tant d'anciens monuments qui remontent presque tous, et au-delà, à la période que nous venons de décrire ?

Combien de débris précieux de l'art et de l'histoire, la conquête de la Guienne n'a-t-elle pas prodigués à la France, comme pour la dédommager d'avoir obéi quelque temps à d'autres lois que les siennes ! Monuments civils, monuments religieux, châteaux, églises, élancent à l'envi leurs donjons et leurs flèches ! Villandraut, Cadillac, Blanquefort, Langoiran, Budos, Bourg, Gajac, et tant d'autres vieilles murailles des XIIIe, XIVe et XVe siècles, offrent un vaste champ aux méditations de l'historien, aux études de l'artiste ; Saint-Emilion avec ses cloîtres intacts, son église souterraine qui supporte, comme par enchantement, un hardi clocher, et que des soins pieux et éclairés ont rendue récemment au culte ; la Sauve avec ses imposantes ruines, que la main de l'homme a naguère si maltraitées, et qu'une sollicitude sainte et toujours généreuse doit préserver à l'avenir ; l'architecture romane des églises de Bayon, de Saint-André-de-Cubzac, de Verteuil, de Baurech, de Saint-Vivien ; la collégiale d'Uzeste, la petite, mais si curieuse église de Saint-Macaire ; la cathédrale de Bazas avec ses trois portiques si richement ornés, appellent au plus haut degré l'attention des artistes et du gouvernement ; et ne peut-on pas dire qu'à Bordeaux même le Palais-Galien, Saint-Seurin, Sainte-Croix, Saint-Michel, Sainte-Eulalie, Saint-André et ses flèches diaphanes, ces portes de ville si intactes et d'un caractère si original, quelques maisons particulières où se déploie l'élégance du XVIe siècle ou la bizarrerie du XIVe, forment à eux tous un ensemble aussi rare que complet de monuments nationaux?

Tant de richesses éparses sur le sol de la Gironde, méritent les sacrifices du gouvernement, du département, des communes et des particuliers. Mais s'il faut s'en prendre à quelqu'un de l'état de dégradation et même de dépérissement auquel la plupart de ces édifices sont arrivés, ce n'est point à nous, c'est aux générations précédentes! Si des voûtes menacent de s'écrouler, si des tours s'affaissent, si des clochers ne se soutiennent plus que par miracle, ces effets désastreux du temps demanderaient, pour être détournés, des ressources dont il est impossible de disposer, au moment où les besoins de l'industrie, du commerce et de la vitalité intérieure se font si vivement sentir et se multiplient à l'infini.

Quoi qu'il en soit, la Gironde verra respecter et conserver, dans les limites du possible, ce riche bazar d'édifices de tout genre que les temps passés lui ont légué, et qui forme la plus brillante partie du magnifique butin dont la conquête de la Guienne dota notre patrie, en lui rendant la puissance et l'unité. Conserver ce qui est beau, ce qui est utile, n'est-ce pas être en progrès?

C'est dans cette voie que la Gironde a toujours marché; encore un peu de temps, et rien ne manquera à sa richesse et a sa splendeur. Il ne lui suffisait plus

d'être la première des villes maritimes, par l'étendue
et par la hardiesse de ses entreprises commerciales,
de faire flotter le pavillon de la France sur les mers
les plus lointaines; elle a voulu que les établissements
industriels vinssent lui ouvrir les sources d'une nouvelle prospérité, et l'exemple donné par le premier
magistrat de la cité, excitera, une utile et féconde
émulation. Au pied de ses murailles s'élanceront bientôt ces voies rapides que nous n'envierons plus à
l'Angleterre, à la Belgique, et qui vont mettre l'Océan
aux portes de Bordeaux, plus tard aux portes de Paris.
Le département s'enorgueillit avec raison des merveilles que l'industrie, aidée des subsides du gouvernement, vient de jeter audacieusement au milieu des
airs. Ne croirait-on pas rêver, en effet, en voyant ces
fils élégants et légers joindre les deux rives de l'indocile Dordogne? Et l'étonnement ne redouble-t-il pas,
quand on s'assure, par soi-même, que le solide surpasse
encore le pittoresque? Des canaux porteront la vie
dans ces contrées pour lesquelles la patrie s'est trop
longtemps montrée marâtre, et nous voyons déjà s'ex-
ploiter sous nos yeux la mine d'or des Landes, et les
trésors de l'agriculture jusqu'ici négligés. Enfin,
Bordeaux, la patrie des Montaigne et des Montesquieu,
la ville favorisée du ciel, qui donnait l'hospitalité à la
civilisation romaine exilée de la Gaule, et, dans la
suite, aux savants de l'Europe du moyen âge, Bordeaux
saura concilier ces richesses matérielles avec celles de
l'intelligence; nous en trouvons la garantie dans le
soin que vient de prendre le gouvernement, de rétablir

les facultés des sciences et des lettres, et surtout dans l'empressement avec lequel la population se porte vers leurs doctes leçons.

Une voix éloquente et amie, dont les accents vous ont tous pénétrés d'une juste et profonde émotion, vous a dit, dans un mémorable discours, tout ce que cette création promettait pour l'avenir, d'utile, de bon et de beau. Pour me servir d'une de ses expressions : « *Il ne s'agit maintenant que de reprendre les traditions interrompues, mais non oubliées, et de rattacher le présent au passé.* »

C'est ainsi qu'aucune sorte d'illustration ne manquera à cette belle cité, à cette belle province, toujours restées françaises. Elles retentissent encore des acclamations dont fut salué l'héritier du trône, lorsque pour la première fois il entrait dans ses murs. Au souvenir de cet accueil empressé, de cette joie si expressive et si sincère, de ces cris, de ce concours immense et spontané de population, de cette confiance réciproque, de ce bonheur mutuel à se connaître, ne pourrait-on pas dire que, lui aussi, a fait une conquête, conquête morale, il est vrai, mais qui laissera dans tous les cœurs d'ineffaçables traces et des liens indissolubles ?

Trois cent quatre-vingt-six ans se sont écoulés depuis que Charles VII a reconquis la Guienne, et rendu à la couronne de France son fleuron le plus précieux : honneur donc et reconnaissance, même en 1839, à la capitulation du 15 octobre 1453 !

RAPPORT

Sur la demande d'admission de M. Ferdinand LEROY, *maître des Requêtes au Conseil-d'État, secrétaire-général de la préfecture de la Gironde.*

Messieurs,

L'Académie a reçu de M. Ferdinand Leroy, à l'appui de sa demande d'admission, un mémoire intitulé : *Tableau général de l'Europe vers* 1453.

Ce travail n'est point une simple revue, comme le titre semblerait l'indiquer. L'auteur, frappé de l'attitude politique, militaire et commerciale de la France à cette époque, a voulu faire sentir le contraste qu'elle présentait avec les autres puissances, travaillées encore par des dissensions intérieures, et cherchant au travers des guerres civiles et étrangères, à conquérir l'unité territoriale et la cohésion politique dont la France était déjà en possession. Du point de vue où il s'est placé, ramenant ses tableaux et ses recherches à un centre commun, il a pu leur donner à la fois de la couleur, de l'unité et de l'intérêt; son style vif et rapide presse les faits sans les confondre, et les caractérise en les effleurant.

Vous le savez, Messieurs, l'époque choisie par l'honorable candidat, est solennelle dans l'histoire des peuples modernes; c'est le point qui sépare deux mondes.

Après avoir indiqué la différence fondamentale qui distingue les guerres soutenues par la France jusqu'à Charles VII, de celles que la France a faites depuis le règne de ce prince, l'auteur signale les conquêtes, les établissements et les réformes, qui assuraient la supériorité morale et matérielle de la nation, sur les autres états : l'expulsion des Anglais, la pragmatique sanction, l'institution des francs-archers, la taille perpétuelle, l'abaissement de la grande féodalité par la retraite forcée de son chef naturel, le roi d'Angleterre.

A ces éléments de vigueur et de prépondérance, il compare ensuite l'état violent ou précaire des autres peuples, et il analyse les causes anciennes ou récentes de leur infériorité par rapport à la France. La guerre civile en Angleterre, l'anarchie électorale et le voisinage des Turcs dans l'empire, les haines nationales et le pouvoir des grands dans la Péninsule espagnole et dans l'Italie, les scandales du règne de Jeanne d'Aragon, la lutte des républiques, la tyrannie des Condotieri, le schisme d'Occident, et la décadence du pouvoir pontifical.

Les états secondaires ne sont pas oubliés dans ce rapide examen. L'auteur voit poindre vers le nord la puissance de la Russie encore à demi-tartare, à côté de l'indocile et chevaleresque Pologne, que le colosse naissant doit étouffer. Il signale sur les bords de la mer Baltique, l'incessante rivalité des nations scandinaves, dont les destinées se règlent à la bourse de Lubeck et dans les comptoirs de Hambourg.

Après cette analyse politique, l'auteur signale les caractères généraux de cette époque, où la marche de l'esprit humain fut si décidée, où les plus importantes découvertes se succèdent avec une émulation aussi irrésistible qu'inattendue, et il revendique en sa faveur la gloire d'avoir préparé le développement littéraire et les merveilles du siècle suivant.

Revenant à la France, qui tient une place distinguée dans le mouvement intellectuel du XVme siècle, il rappelle les éminents défenseurs qu'elle donna aux libertés de l'église, il montre dans le célèbre trésorier de Charles VII, dans Jacques Cœur, un des fondateurs du crédit commercial.

La section des sciences morales et historiques a vu, dans le travail dont elle vient d'avoir l'honneur de vous soumettre l'analyse, le résultat d'études sérieuses et de connaissances approfondies. En proposant à l'Académie d'admettre M. Ferdinand Leroy au nombre de ses membres résidants, elle ne fait que rendre justice à un talent qui a été de bonne heure reconnu et apprécié, et elle espère que le choix de ce nouveau collaborateur sera également honorable pour l'Académie et pour le candidat.

RABANIS, *président.*

DURAND. LEMONNIER.

Séance d'installation de M. Ferdinand LEROY, *à l'Académie royale de Bordeaux.*

Invité par M. le Président à prendre place parmi les membres de l'Académie, M. Ferdinand LEROY prend la parole en ces termes :

Messieurs,

Nouveau venu parmi vous, arrivé d'hier à Bordeaux, où la destinée m'a jeté à l'improviste, j'entre aujourd'hui sans autre titre que votre bienveillance, dans une compagnie savante et distinguée dont j'ai à peine eu le temps de connaître les membres honorables, et dont j'étais naguère encore séparé par une distance que je ne me croyais pas appelé à franchir.

Six années seulement se sont écoulées, Messieurs, depuis que, simple voyageur, je m'arrêtai à Bordeaux. Son beau ciel, l'élégance et la grandeur de ses édifices, l'aspect imposant de son port, l'urbanité hospitalière de ses habitants, la richesse de son sol, la variété de ses productions, la hardiesse de ses entreprises commerciales, toutes les sources de sa prospérité, les précieux vestiges de ses anciens monuments, la conservation parfaite, le caractère précis de plusieurs de ses édifices religieux, tout me causa une vive et profonde impression ; je quittai à regret ses murs qui renfermaient une partie de ma famille et de mes affections, et je n'osai pas même former le vœu téméraire de pouvoir m'y fixer un jour.

Je laissai donc faire le sort, et bien m'en prit, car il me réservait, à mon insu, le plus inattendu et le plus coquet de ses caprices. En effet, que m'a-t-il montré d'abord? les brouillards du nord! quel pays a-t-il assigné au début de ma carrière? celui qui contraste peut-être le plus avec Bordeaux par le caractère de ses habitants, par ses intérêts, par son ciel, un pays où je ne comptais ni parents, ni amis! Tout-à-coup, par un retour soudain, ce même sort m'arrête, et, me faisant marcher du nord au midi, il m'envoie au milieu de vous, et je me trouve transporté par enchantement dans la plus belle contrée de mon pays; j'y avais bien rêvé quelquefois, comme on rêve à l'objet d'agréables souvenirs, mais sérieusement pensé, jamais. Désormais donc, plus de sombres nuages, mais l'azur pur et bienfaisant du ciel; plus de houblon maussade, mais le fruit généreux du fertile Médoc; plus d'industrie bruyante et enfumée, mais la noble culture de la vigne; plus d'étrangers, mais des amis.

Ce bonheur, Messieurs, que je n'avais jamais osé désirer, il est venu me chercher malgré moi; aussi, je puis le goûter dans toute sa pureté.

Cependant, rien ici-bas n'est sans mélange : ce qui pour moi était bonheur, était regret pour un autre; tous les biens que je venais chercher, il les abandonnait; mais il savait bien que, si par un jeu du sort j'étais appelé à en jouir à sa place, je n'étais pas venu les lui arracher. Notre amitié, j'ose le dire, a même été cimentée par cet échange imprévu et répété de position, tant étaient grandes la confiance et l'estime que nous nous portions depuis plusieurs années. Aussi, Messieurs, mon cher et regrettable prédécesseur, en quittant le poste que j'occupe aujourd'hui, m'a-t-il laissé bien plus que ses fonctions, il m'a laissé ses amis, vous venez de m'en donner un éclatant témoignage; c'est pourquoi j'ai dû naturellement espérer que vous reporteriez sur moi quelque chose de l'affection que vous avez si justement accordée et conservée à M. de Contencin ; ses précieuses et rares qualités ne vous avaient pas échappé ; un caractère loyal et obligeant, un jugement droit et sûr, un esprit élevé, aimable et cultivé, une douceur toujours égale qui n'exclut ni la dignité, ni la fermeté : tels furent ses droits incontestables à votre estime et à votre attachement.

En cherchant à suivre ses exemples, j'avais beaucoup à faire, Messieurs. C'était déjà une grande tâche pour moi que de m'initier aux intérêts matériels de ce pays, intérêts immenses et variés, qui, pour être étudiés et compris, nécessitent les plus fortes études ; il ne faut rien moins, pour suffire à cette tâche difficile, que la longue expérience, le zèle infatigable, et les hautes lumières de l'administrateur habile et ferme, près duquel je suis fier de marcher et de m'instruire. Mais tout ce qui est du domaine de l'intelligence, des sciences et des arts, devait aussi exciter mon ambition et ma curiosité ; encouragé par plusieurs d'entre vous, enhardi par les souvenirs de mon prédécesseur, j'ai aspiré à prendre place au milieu de vous.

Vos suffrages, Messieurs, ont répondu à mes désirs ; je sens tout ce qu'ils ont d'honorable et de flatteur. En effet, votre admission à l'Académie a été la conséquence, la récompense de vos travaux ; pour moi, je ne puis voir dans l'honneur que vous venez de me décerner, qu'une faveur et qu'un encouragement. C'est le gage et non le prix de mon travail, ce sont des avances que je saurai vous rendre. Oui, Messieurs, en m'associant aux nobles efforts de l'Académie, je me montrerai digne de son choix, et dans la section où vous m'avez placé selon mes vœux et mes goûts, je trouve déjà une vaste carrière à mon zèle.

Peu de départements renferment autant de richesses archéologiques que celui de la Gironde ; les monuments religieux et civils y sont répandus avec une rare profusion, et remontent aux époques les plus intéressantes de l'art historique. C'est à les conserver que j'emploierai mes plus constants efforts et les moyens que m'offrira ma position administrative. Je ne me dissimule pourtant aucune des difficultés que nous aurons à surmonter, car le mal qu'il faut combattre remonte déjà bien haut; c'est à peine si l'on sort du sommeil de l'indifférence, c'est à peine si l'on s'aperçoit (trop tard hélas), que la plupart de nos anciennes églises sont sur le point de s'écrouler, c'est à peine si l'on a pu énumérer toutes ces plaies envenimées par le temps, par l'ignorance, et aussi par le badigeon. A ce sujet n'oublions pas, Messieurs, comme on l'a justement fait remarquer, qu'il y a deux sortes de vandalisme, celui qui *détruit* et celui qui *répare*; le premier est presque toujours l'effet du temps, le second de l'ignorance et du mauvais goût. Armons-nous principalement contre ce dernier. Conserver nos anciens monuments, de quelque temps, de quelque caractère, en quelque lieu qu'ils soient, découvrir ceux qui seraient encore inconnus, en appeler dans ce but au gouvernement, au département, aux communes, aux particuliers, voilà la croisade sainte à laquelle je veux prendre part sous votre bannière.

En me permettant de la suivre, Messieurs, vous établissez à toujours un lien entre vous et moi; de quelque côté que le vent incertain de ma carrière me porte désormais, je vous appartiendrai toujours, et par reconnaissance et par attachement: Bordeaux, Messieurs, m'a donné l'hospitalité; vous avez fait plus encore, vous venez de me donner mes lettres *de grande naturalisation.*

M. RABANIS, *président de l'Académie, a répondu à*
M. Ferdinand LEROY, *de la manière suivante :*

Messieurs,

L'Académie se félicite doublement de vous voir prendre place dans son sein. Cette distinction était due à votre mérite personnel; mais indépendamment de ce titre qui, seul, vous a valu ses suffrages, il lui a semblé, en vous admettant, qu'elle retrouvait l'un de ses membres dont elle déplorait l'absence, je veux dire votre honorable prédécesseur dans les fonctions de secrétaire-général de la préfecture de la Gironde. Nous avons saisi avec empressement les nombreux rapports qui existent entre vous et lui, et qui nous assurent une compensation si heureuse et si inattendue : même goût pour les beaux-arts, même aptitude à allier la culture assidue des lettres aux occupations administratives, même zèle pour le progrès intellectuel de notre population et pour la prospérité d'une contrée à laquelle vous attachent tous deux des liens de famille. Permettez-moi d'ajouter, pour compléter ce parallèle, que, comme lui, vous obtiendrez de tous vos confrères la sympathie et l'attachement qui naissent de relations empreintes d'une déférence réciproque et d'une estime mutuelle.

Votre exemple et le sien prouvent, Monsieur, combien la pratique des affaires est aujourd'hui inséparable des connaissances scientifiques. Ce n'est plus, comme autrefois, pour trouver un emploi décent à leurs loisirs, que les hommes destinés aux fonctions publiques se mêlent aux écrivains, aux savants et aux artistes; c'est pour mieux comprendre les intérêts divers qu'ils sont appelés à concilier, c'est pour être en état de traiter rationnellement les questions de tout genre dont la solution leur est demandée. Dans un siècle où la capacité est la seule autorité incontestée, il serait toujours prudent de mettre de son côté l'avantage de la science; le pouvoir dont on est l'organe en sera plus respecté et mieux obéi.

Sous ce rapport, Monsieur, les études historiques dont vous vous êtes particulièrement occupé, sont les plus utiles, les plus nécessaires au magistrat et à l'administrateur. L'histoire s'est élevée de nos jours à la hauteur des sciences positives; elle en a acquis le caractère distinctif, qui est de rendre raison des faits observés, et de prévoir les faits à venir. Les fondements de la sociabilité, la production de la richesse publique, l'influence réciproque des lois sur les mœurs et des mœurs sur les lois, les luttes et les déchirements intérieurs, produits par la divergence des intérêts ou des caractères nationaux, la loi de filiation et de conséquence des phénomènes politiques; tous ces vastes problèmes, posés en partie par les grands hommes du dernier siècle, ont été résolus : et quelle source d'enseignements précieux, quelle école indispensable pour ceux qui aspirent à exercer une action quelconque sur les opinions ou les intérêts de leurs concitoyens!

Dans le cercle étroit où s'exerce l'influence de l'Académie, vous contribuez, Monsieur, par vos connaissances spéciales aux améliorations qui sont le but constant de ses efforts. Nos monuments, nos traditions locales, appellent votre sollicitude et vos recherches. Sous un autre point de vue, votre coopération nous sera également utile; placé près de l'autorité administrative, dont le concours et l'appui nous sont indispensables, vous serez à ses yeux un témoignage toujours présent de notre zèle et de notre émulation pour le bien. Plus elle vous appréciera, plus elle accordera d'intérêt aux confrères qui partagent vos travaux. Ainsi, Monsieur, vous deviendrez entre elle et nous un honorable lien, et ce sera un dernier et précieux trait de ressemblance que vous offrirez avec votre excellent prédécesseur.

www.ingramcontent.com/pod-product-compliance
Lightning Source LLC
Chambersburg PA
CBHW060551050426
42451CB00011B/1845